Anton C. Huber

Maîtriser avec succès les entretiens d'embauche grâce à la stratégie 3-D

Comprendre les véritables intentions derrière des questions des entretiens d'embauche. Elaborer une stratégie de réponse appropriée et authentique.

© 2016, Anton C. Huber

Edition : BoD - Books on Demand

12/14 rond-point des Champs Elysées

75008 Paris

Imprimé par BoD – Books on Demand, Norderstedt

ISBN : 978-2-3220-9476-9

Dépôt légal : 06/2016

Introduction

En achetant ce livre, vous accepter entièrement cette clause de non-responsabilité.

Aucun conseil

Le livre contient des informations. Les informations ne sont pas des conseils et ne devraient pas être traités comme tels.

Si vous pensez que vous souffrez de n'importe quel problème médicaux vous devriez demander un avis médical. Vous ne devriez jamais tarder à demander un avis médical, ne pas tenir compte d'avis médicaux, ou arrêter un traitement médical à cause des informations de ce livre.

Pas de représentations ou de garanties

Dans la mesure maximale permise par la loi applicable et sous réserve de l'article ci-dessous, nous avons enlevé toutes représentations, entreprises et garanties en relation avec ce livre.

Sans préjudice de la généralité du paragraphe précédent, nous ne nous engageons pas et nous ne garantissons pas :

- Que l'information du livre est correcte, précise, complète ou non-trompeuse ;
- Que l'utilisation des conseils du livre mènera à un résultat quelconque.

Limitations et exclusions de responsabilité

Les limitations et exclusions de responsabilité exposés dans cette section et autre part dans cette clause de non-responsabilité : sont soumis à l'article 6 ci-dessous ; et de gouverner tous les passifs découlant de cette clause ou en relation avec le livre, notamment des responsabilités découlant du contrat, en responsabilités civiles (y compris la négligence) et en cas de violation d'une obligation légale.

Nous ne serons pas responsables envers vous de toute perte découlant d'un événement ou d'événements hors de notre contrôle raisonnable.

Nous ne serons pas responsable envers vous de toutes pertes d'argent, y compris, sans limitation de perte ou de dommages de profits, de revenus, d'utilisation, de production, d'économies prévues, d'affaires, de contrats, d'opportunités commerciales ou de bonne volonté.

Nous ne serons responsables d'aucune perte ou de corruption de données, de base de données ou de logiciel.

Nous ne serons responsables d'aucune perte spéciale, indirecte ou conséquente ou de dommages.

Exceptions

Rien dans cette clause de non-responsabilité doit : limiter ou exclure notre responsabilité pour la mort ou des blessures résultant de la négligence ; limiter ou exclure notre responsabilité pour fraude ou représentations frauduleuses ; limiter l'un de nos passifs d'une façon qui ne soit pas autorisée par la loi applicable ; ou d'exclure l'un de nos passifs, qui ne peuvent être exclus en vertu du droit applicable.

Dissociabilité

Si une section de cette cause de non-responsabilité est déclarée comme étant illégal ou inacceptable par un tribunal ou autre autorité compétente, les autres sections de cette clause demeureront en vigueur.

Si tout contenu illégal et / ou inapplicable serait licite ou exécutoire si une partie d'entre elles seraient supprimées, cette partie sera réputée à être supprimée et le reste de la section restera en vigueur.

Description de la collection : 11

Préface 13

1. Les trois dimensions du modèle 3-D 15

2. La première dimension : 3 questions fondamentales 17

   2.1. « Pouvez-vous faire ce travail ? » - Compétences 18

   2.2. « Allez vous aimer le travail ? » - Motivation 19

   2.3. « Pouvons-nous travailler avec vous ? » - Est-ce que ça colle ? 22

3. La deuxième dimension : 3 niveaux de temps 23

4. La troisième dimension : l'authenticité 25

5. Questions dans 30 catégories 28

   5.1. L'écoute active 29

   5.2. L'apparence 30

   5.3. Endurance 32

   5.4. Résistance 34

   5.5. Empathie 36

   5.6. Volonté de prendre des décisions 37

   5.7. Expertise 40

5.8. Flexibilité 41

5.9. Résistance à la frustration..................................43

5.10. L'initiative..45

5.11. L'intégrité..47

5.12. Capacité et volonté d'intégration 49

5.13. Créativité...50

5.14. Comportement conflictuel...............................52

5.15. Aptitude à établir des différends et l'apparence 53

5.16. Les engagements 55

5.17. La volonté d'apprendre....................................56

5.18. Qualité de dirigeant des employés 58

5.19. Motivation (selon le poste)..............................60

5.20. La formulation orale..61

5.21. Compétences de mise en œuvre 64

5.22. Jugement...66

5.23. Planification et organisation 68

5.24. Analyse des problèmes 69

5.25. Mode d'expression écrite 71

5.26. L'autonomie 73

5.27. Diligence..74

5.28. Capacité à travailler en équipe 76

5.29. Compétences de négociation 77

5.30. Capacité à vendre 79

6. Stratégie de réponse dans les entretiens d'embauche 82

Description de la collection :

Avec « Droit au but », les éditeurs sortent des guides courts dans une collection simple qui ont été écrits par des professionnels pour une utilisation concrète. Les guides de « Droit au but » se limitent aux informations les plus importantes sur une question précise et réduisent tout le reste au minimum.

Préface

Ceux qui sont convoqués pour un entretien d'embauche ont déjà franchi le premier obstacle. Sur la base des documents fournis, l'employeur potentiel espère que le candidat soit en mesure de remplir le poste annoncé ou, dans de rares cas, un autre poste au sein de l'entreprise.

Dans le sport, on dirait que le compétiteur est arrivé en finale. Parmi souvent plus d'une centaine de candidatures, une poignée est sélectionnée, et le candidat est l'un des heureux élus.

Que le candidat[1] maîtrise ou non les derniers obstacles, lui obtenant une offre

---

[1] Pour simplifier la lecture, seule la forme masculine sera employée, mais les candidates sont également comprises dans le terme.

de contrat, dépend désormais de plusieurs facteurs qui sont les mêmes partout. Voilà ce à quoi a à faire un candidat dans le monde du travail. Dans ce guide, je vais passer en revue ces facteurs décisifs. Ainsi je veux donner au lecteur un avantage lors des entretiens d'embauche.

Si vous savez ce que l'embaucheur attend de vous, vous aurez un avantage évident.

Je vous souhaite beaucoup de succès pour votre entretien d'embauche.

Bien à vous,
Anton C. Huber
Spécialiste supérieur du recrutement

1.
Les trois dimensions du modèle 3-D

Le modèle 3-D est basé sur les trois dimensions de base d'un entretien d'embauche.

La première dimension comprend les trois questions de base qu'un recruteur professionnel pose à chaque entretien d'embauche pour préciser les choses. Si la réponse à une seule de ces trois questions fondamentales n'est pas satisfaisante, le candidat ne sera pas envisagé pour le poste.

La deuxième dimension, la dimension des trois niveaux de temps, cherche à savoir où le candidat se situe psychologiquement. Est-il prêt à relever un nouveau défi ? Ou est-il, par exemple, encore dans une phase où il essaie d'assimiler les expériences de son dernier poste ?

La troisième dimension pose pour de nombreux experts en RH et les candidats le plus grand défi. Cette dimension sert à savoir si les réponses du candidat sont authentiques ou récitées.

Un candidat doit être convaincant sur les trois niveaux afin de « passer les qualifications » et, par conséquent, de laisser ses concurrents sur le carreau.

2.
La première dimension : 3 questions fondamentales

En l'an 2011, George Bradt nomma son article dans *Forbes* : « Les meilleurs cadres recruteurs confirment qu'il n'y a que trois vraies questions à un entretien d'embauche ».

En fait, il n'a rien révélé de nouveau, mais a plutôt souligné un fait qui est depuis longtemps familier à chaque service de ressources humaines, qui a gagné sa réputation. Les entrevues d'embauche ont pour but de clarifier les questions concernant les compétences et la motivation et, par la suite, il devrait devenir clair si le candidat correspond à l'entreprise, au département, et à l'équipe.

Les candidats peuvent obtenir un avantage significatif en prenant en compte également les trois dimensions avec leurs questions, dans la mesure où elles sont pertinentes. Une question classique, qui vous offre de nombreuses possibilités, est la question bien connue « pourquoi vous ».

2.1. « Pouvez-vous faire ce travail ? » - Compétences

La question des compétences est probablement la plus simple. Si l'employeur n'avait pas supposé que vous avez les compétences nécessaires pour le travail, il ne vous aurait pas convoqué. Cette question a principalement pour but de vérifier que les informations contenues dans votre curriculum vitae et les autres documents sont vraiment exactes. En outre, des informations qui ne ressortent pas sur les documents sont ajoutées.

Également, un aspect important est de démontrer vos compétences dans ce contexte. Cela fait une différence si un résultat, pour ainsi dire, vous tombe dessus ou si vous avez l'atteint par vous-même.

2.2. « Allez vous aimer le travail ? » - Motivation

Aucun employeur n'embauchera un employé qui n'est là que pour avoir « au moins quelque chose ». En tant que prestataire de service interne (ou externe), il doit avoir l'impression que vous voulez vraiment le poste.

Vous pouvez vérifier si vous pouvez montrer que vous vous êtes déjà, à l'avance, renseigné sur le poste et l'employeur potentiel, quand on vous pose ce type de questions.

Les approches prometteuses sont :

- Vous montrez que vous vous êtes déjà familiarisé avec l'entreprise, leurs produits, leur position et de l'environnement de marché avec vos propres questions, mais aussi avec vos réponses.
- Vous indiquez que vous vous identifiez déjà émotionnellement avec le poste annoncé en utilisant des phrases telles que : « En lisant l'annonce je pouvais ... ». Mais aussi, soyez prudent avec des déclarations qui pourraient donner l'impression au recruteur que vous avez déjà le travail. Votre interlocuteur pourrait alors se sentir ignoré et pourrait réagir en conséquence négativement.

- Montrez de l'intérêt dans votre position future. Il peut être approprié de poser des questions sur une journée typique de travail, etc.

Un avantage important, dans la mesure où cette possibilité existe, dans tous les processus de demande peut être d'entrer en contact avec la personne mentionnée dans l'annonce ou avec une connaissance qui travaille dans ladite entreprise. De cette façon, vous pourriez obtenir des réponses à des questions importantes à l'avance, de sorte que vous serez en mesure de montrer un intérêt particulier pour l'entreprise au cours de l'entretien d'embauche.

2.3. « Pouvons-nous travailler avec vous ? » - Est-ce que ça colle ?

Les meilleures qualifications et une motivation convaincante sont inutiles si le candidat ne s'intègre pas dans l'équipe. Cette question est certes la plus difficile. Vous ne connaissez probablement pas l'équipe et l'entreprise seulement de l'extérieur. De votre côté, vous aurez du mal à faire plus que montrer de l'intérêt (préparation, avoir des questions, etc.)

3.
La deuxième dimension : 3 niveaux de temps

Dans la deuxième dimension, des 3 niveaux de temps, principalement une réponse à la question de savoir si vous êtes émotionnellement prêt à accepter un nouveau défi est escomptée.

Ceux qui se réfèrent sans cesse à leurs emplois précédents donneront l'impression qu'ils n'ont pas encore coupé le cordon et seront un risque pour le nouvel employeur. Même un responsable avec un esprit social, qui tente de soutenir ses employés, ne voudra pas embaucher quelqu'un qui a besoin du soutien d'un coach ou d'un psychologue afin de mettre leur dernière expérience derrière eux. Il est également contre-productif de donner des sermons sur la façon dont les choses se passaient dans la société X durant toute la discussion.

Une répartition optimale des réponses : 20% sur le passé, 40% sur le présent, et 40% sur les attentes futures. Cela signifie que vous pouvez commencer par vos expériences passées, mais il est conseillé de mettre l'accent sur aujourd'hui et sur l'avenir. Un exemple simplifié peut être : « J'ai connu X, de ceci j'ai appris Y pour la vie et cela m'aide à chercher Z pour l'avenir ».

4.
La troisième dimension : l'authenticité

Connaissez-vous des guides sur le sujet : « Que dois-je dire quand on m'interroge sur mes faiblesses ? » Comment puis-je élaborer sur les faiblesses que mon interlocuteur considère comme des points forts ? Une réponse courante dans ce cas est « l'impatience ».

Des centaines de candidats répondent de cette manière. Si vous étiez assis « de l'autre côté de la table » et entendiez cette réponse pour la énième fois, vous vous sentiriez probablement ridiculisé.

Rien ne peut être dit contre cette réponse si elle correspond à la réalité. Il est beaucoup plus important pour la personne qui vous fait passer un entretien que vous soyez authentique plutôt que les réponses réelles à telle ou telle question. Globalement, il est sensé de montrer un lien entre vos faiblesses et vos aspects positifs s'il y en a, ou, par exemple, de parler ce que vous faites pour travailler sur vos faiblesses.

Votre interlocuteur veut vous percevoir comme une personne honnête dont les réponses correspondent à la réalité. Les réponses qui sortent bien préparées et mémorisées ont un effet négatif sur l'autre personne. De telles réponses ont déjà pénalisé de nombreux candidats que j'ai reçus.

Un recruteur ne peut pas risquer de recommander un imposteur à ses clients (internes ou externes), une personne qui ne fournit pas ce qu'il promet. Pour cette raison, j'évince les gens qui ne semblent pas honnêtes immédiatement et la plupart de mes collègues en font autant.

5.
Questions dans 30 catégories

Les 30 questions qui suivent sont celles les plus fréquemment posées pendant un entretien d'embauche et sont triées dans l'ordre de préférence des recruteurs. Dans chaque catégorie de questions vous pouvez également trouver les qualités souhaitées que votre interlocuteur souhaite vérifier.

Ne faites pas l'erreur d'apprendre les questions et les réponses par cœur. Pensez à la troisième dimension, la crédibilité ! Cependant, ce peut être une bonne idée de poser diverses questions, faire quelques remarques à l'avance, et surtout d'analyse brièvement pour avoir une idée des renseignements qui sont attendus de la question. Cela vous aide à en venir « u but » plus rapidement.

5.1. L'écoute active

- Comment vous assurez-vous que vous avez compris correctement l'autre personne ?
- Expliquez un malentendu particulièrement important de votre passé professionnel.
- Vous est-il arrivé par le passé qu'un collègue se tourne vers vous pour des conseils concernant des choses qui ne relevaient pas du travail ? Comment avez-vous réagi ?
- Comment procédez-vous lorsque vous avez l'impression que vous n'avez pas compris l'autre personne correctement ?
- Comment procédez-vous lorsque vous êtes impliqué dans un conflit ?

Qualifications :

- Être à l'écoute.
- Appliquer avec succès des techniques pour désamorcer les discussions.
- Essayer de comprendre son interlocuteur.
- Éviter les jugements hâtifs.
- Être un interlocuteur apprécié de ses collègues.

5.2. L'apparence

- Quelle impression donnez-vous aux autres ? Des collègues vous ont-ils déjà fait des remarques ? Lesquelles ?
- Qu'est-ce qui vous dérange le plus quand vous apparaissez en public ?
- Comment vous sentez-vous avant une réunion professionnelle

importante ? Comment vous préparez-vous pour cela ?
- Comment vos partenaires d'affaires réagissent-ils vis-à-vis de vous ? Comment expliquez-vous cela ?
- Décrivez une situation où une apparition publique ne s'est pas passé au mieux pour vous. Quelles étaient les raisons ?

Qualifications :

- Se présenter avec confiance et détermination dans des environnements étrangers.
- Estimer de façon réaliste son effet sur son environnement.
- Avoir un aspect authentique.
- Avoir de bonnes manières qui sont bien adaptées à la situation.
- Avoir une attitude positive.

5.3. Endurance

- Qu'est-ce qui détermine que vous meniez à bien décision une fois prise ?
- Dans quelles circonstances revenez-vous sur une décision prise ?
- Comment gérez-vous le travail de routine ? Donnez un exemple.
- Quel type de tâches vous donne de l'énergie et quelles tâches en particulier vous coûtent beaucoup en énergie ?
- Décrivez une situation où vous n'avez pas atteint votre en dépit de grands efforts.
- Est-il important pour vous d'apporter un rendement constant et comment gérez-vous cela ?
- Avez-vous déjà géré des résistances de la part des autres au cours de votre carrière professionnelle ?

Nommez un exemple et expliquez comment vous avez réagi.
- La persévérance est-elle une valeur importante à vos yeux ? Comment cela se manifeste-t-il dans votre parcours professionnel ?
- Si vous avez commencé quelque chose, sous quelles conditions terminez-vous ?
- Dans quelles situations dans votre carrière professionnelle avez-vous abandonné trop tôt ?

Qualifications :

- Poursuivre ses objectifs avec constance.
- Être persévérant.
- Terminer ce qui est commencé.
- Maintenir le niveau de performance et la vue d'ensemble, même sous pression.

- Pouvoir aussi gérer les résistances.

5.4. Résistance

- Expliquez une situation où vous vous êtes senti sous pression. Comment avez-vous procédé et quel a été le résultat ?
- Comment réagissez-vous quand quelqu'un vous donne un important travail urgent peu avant de finir ou avant le week-end ?
- Décrivez une situation de travail où vous vous êtes senti débordé.
- Comment réagissez-vous aux interruptions et aux perturbations dans votre travail ?
- Décrivez une situation où vous avez dû surmonter certains obstacles pour atteindre votre objectif.

Qualifications :

- Posséder de la résistance au stress.
- Être sympathique et plein d'humour.
- Afficher de la bonne volonté pour faire des tâches supplémentaires.
- Gérer en toute confiance les perturbations.
- Afficher de la disposition face aux tâches supplémentaires.
- Conserver calme et objectivité dans les situations difficiles.
- Ne pas abandonner quand des difficultés et des résistances surviennent.
- Être constant dans son travail.
- Avoir de la résistance face à l'épuisement professionnel.

5.5. Empathie

- Comment reconnaissez-vous ce qui est important à votre interlocuteur ?
- Comment vous adaptez-vous à vos partenaires professionnels ? - Donnez un exemple concret.
- Quelle a été la personne la plus difficile avec qui laquelle vous deviez travailler, Comment avez-vous procédé ? Quel a été le résultat ?
- Comment procédez-vous lorsque vous avez l'impression qu'un de vos collègues ne se sent pas bien en ce moment ?

Qualifications :

- Pouvoir s'adapter aux besoins de son interlocuteur.
- Reconnaître l'état de la personne en face et pouvoir s'adapter.

- Avoir de la considération pour les sentiments et les besoins des autres.
- Reconnaître les conflits interpersonnels et réagir de façon appropriée.

5.6. Volonté de prendre des décisions

- Quelles décisions préférez-vous éviter ?
- Quelle marge de manœuvre dans la prise de décision avez-vous eue dans votre carrière précédente et de quoi auriez-vous eu besoin pour atteindre de meilleurs résultats ?
- Est-ce que vous vous assurez lorsque vous prenez une décision ? Comment ? Comment sont vos expériences au regard de cela ?

- Comment procédez-vous lorsque vous avez besoin de prendre des décisions importantes ?
- Demandez-vous aux autres pour avoir des conseils lorsque vous devez prendre une décision ? Comment réagissez-vous aux conseils qui vous semblent mauvais ?
- Décrivez une décision et ses conséquences qui ont été particulièrement positives rétrospectivement.
- Comment pourriez-vous améliorer votre capacité de prise de décision ?
- Décrivez une décision que vous avez prise trop tard, vous le voyez à présent, ou une mauvaise décision. Que feriez-vous différemment aujourd'hui ?
- Sur la base de quels critères prenez-vous vos décisions ?

- Où trouvez-vous facile de prendre des décisions et où trouvez-vous cela difficile ?
- Quels sont vos points forts dans la prise de décision ?
- Vous est-il déjà arrivé de changer une décision après qu'elle ait été critiquée ? Donnez un exemple.

Qualifications :

- Décider en temps voulu.
- Décide posément.
- Prendre en considération les conseils de professionnels pour les décisions.
- Utiliser une marge de manœuvre dans la prise de décision.

5.7. Expertise

- Comment avez-vous acquis votre expertise et comment maintenez-la vous à jour ?
- Dans quelle mesure vous avez été comparé à vos collègues (dans votre travail, études, apprentissage) ?
- Avez-vous reçu une reconnaissance spéciale pour vos compétences professionnelles par le passé ? De qui et pour quoi ?
- Quel rôle joue votre expertise pour votre réussite professionnelle ?

Qualifications :

- Être un expert reconnu dans son domaine.
- Trouver son chemin dans son domaine d'expertise.
- Avoir une expérience étendue.

- Avoir une bonne vue d'ensemble de son domaine d'expertise.

5.8. Flexibilité

- Décrivez une situation professionnelle dans laquelle vous avez dû changer soudainement vos habitudes ? Quelle était la raison ? Comment avez-vous procédé ? Quel a été le résultat ?
- Dans quelles conditions êtes-vous le plus efficace ?
- Comment gérez-vous les nouvelles situations et les défis ?
- Quel changement a été votre plus grand défi professionnellement ? Comment l'avez-vous vécu ?
- Comment évaluez-vous votre propre ouverture face à de nouvelles situations ?

- Comment gérez-vous vos collègues dans une équipe ou un projet qui viennent de culture ou de pays différents ? Donnez un exemple.

Qualifications :

- Avoir la capacité de travailler dans des équipes diverses.
- Accepter les suggestions des autres.
- Tolérer les autres et leur opinion (différente).
- S'adaptable à la situation concernant les heures de travail.
- Pouvoir s'adapter aux nouvelles situations et personnes.
- Pouvoir faire face à des perturbations et des situations difficiles.

5.9. Résistance à la frustration

- Parlez-nous de votre dernier échec professionnel. Comment l'avez-vous géré ?
- Comment vous motivez-vous après un échec ?
- Comment gérez-vous les choses si vous ne vous sentez pas soutenu par vos collègues ?
- Décrivez un grave revers de votre passé professionnel.
- Qu'est-ce que vous décourage ?
- Comment gérez-vous le rejet ?
- Décrivez une situation dans laquelle vous vouliez quitter votre emploi.
- Que trouviez-vous particulièrement frustrant dans votre travail précédent ?
- Comment gérez-vous le fait de ne pas avoir de succès en dépit de grands efforts personnels ?

- Qu'est-ce qui vous met en colère ?
- Comment gérez-vous la situation lorsque vous avez besoin de données ou de documents pour votre travail, mais vous ne les recevez pas de votre collègue ?
- Êtes-vous plutôt optimiste ou pessimiste par rapport à vos anciens collègues ?
- Comment réagissez-vous quand d'autres personnes vous déconcertent ?

Qualifications :

- Ne pas être découragé par les échecs.
- Terminer les choses nécessaires, même si elles ne sont pas amusantes.
- Pouvoir se motiver.
- Ne pas montrer sa frustration aux autres.

- Gestion des revers/contretemps de façon constructive.
- Ne pas se sentir attaqué personnellement dans des discussions controversées.

5.10. L'initiative

- Y a-t-il eu une situation dans votre passé professionnel où vous avez pris en charge un projet et l'avez réalisé avec succès ? Quel a été le résultat ?
- Comment gagnez-vous de nouveaux clients ? Décrivez un cas spécifique de votre passé. (Cette question peut également être posée aux employés qui ne font pas de vente directe.)
- Avez-vous proposé des innovations ou des améliorations lors de votre dernier poste ? Ont-elles été mises en œuvre ? (Oui ou non, et pourquoi ?)

- Décrivez une situation où vous avez reconnu une bonne opportunité. Comment avez-vous géré cela ?

Qualifications :

- Avoir la volonté de participer également aux domaines autres que sa propre compétence de base.
- Avoir la capacité et la volonté d'innover
- Prendre des initiatives.
- Développer des idées de sa propre initiative.
- Être insatisfait de ce qu'il a accompli et chercher des moyens d'améliorer.
- Être axé sur le client.
- Avoir des idées d'acquisitions pour les clients et comment les mettre en œuvre.
- Faire des suggestions réussies d'amélioration.

- Faire des suggestions constructives et opportunes pour l'amélioration.

5.11. L'intégrité

- Comment gérez-vous les choses lorsque les objectifs et les exigences de votre travail interfèrent avec les vôtres ? Donnez un exemple.
- Comment gérez-vous la situation quand vous avez des problèmes avec une personne de votre environnement professionnel (patron, collègue, subalterne) ?
- Il y a des situations où votre mission peut vous obliger à faire quelque chose que vous ne feriez pas normalement ou ce qui va à l'encontre de vos valeurs. Avez-vous connu de telles situations dans votre passé professionnel ? Comment les avez-vous géré ?

Qualifications :

- Sembler honnête et digne de confiance.
- Avoir un comportement et des valeurs en accord.
- Pouvoir différencier les besoins personnels et professionnels.
- Soutenir sans réserve la politique d'entreprise contre l'extérieur.
- Agir dans le respect des règlements juridiques et des normes éthiques.
- Mettre en œuvre exige les actions nécessaires.

5.12. Capacité et volonté d'intégration

- Comment procédez-vous lorsque vous êtes nouveau dans une équipe ?
- Comment procédez-vous lorsque de nouveaux collègues arrivent dans votre équipe ?
- Comment gérez-vous les désaccords et les idées différentes ?
- Avez-vous déjà travaillé en équipe avec des personnes d'origines culturelles différentes ? Quelle a été votre expérience ?
- Réussissez-vous à captives les autres pour des objectifs communs ?
- Réussissez-vous davantage quand vous travaillez seul ou en équipe ?

Qualifications :

- Pouvoir facilement s'intégrer dans une équipe.
- Pouvoir intégrer d'autres employés dans une équipe.
- Pouvoir facilement s'intégrer dans des équipes hétérogènes/interculturelles.
- Pouvoir accomplir de bons résultats bien en équipe.
- Transmettre les buts et les valeurs aux autres.

5.13. Créativité

- Quel rôle la créativité joue-t-elle dans votre profession ?
- Quels sont les changements et améliorations spécifiques que vous avez introduits dans des emplois précédents, ou avez-vous pris part à

l'introduction de modifications et améliorations ?
- Quelle a été votre idée la plus originale jusqu'à maintenant ? Comment l'avez-vous réalisée ?
- Comment procédez-vous lorsque vous avez une idée sur la façon d'améliorer un aspect professionnel ? Décrivez un événement spécifique de votre expérience professionnelle. Quels ont été les résultats ?

Qualifications :

- Essayer avec succès de nouvelles choses
- Être capable de développer des solutions créatives et d'également les mettre en œuvre.
- Encourager les innovations à travers ses idées.

- Réfléchir et trouver des solutions non conventionnelles.

5.14. Comportement conflictuel

- Comment vous comportez-vous dans un conflit ?
- Quels conflits préférez-vous éviter ?
- Que faites-vous pour résoudre un conflit ?
- Quel a été le plus gros conflit jusqu'à que vous ayez vécu dans un contexte de travail et comment l'avez-vous résolu ?
- Quand les conflits représentent-ils des risques pour vous ?

Qualifications :

- Pouvoir gérer les conflits de manière constructive.
- Pouvoir également mettre en œuvre des mesures impopulaires et qui peuvent entraîner des conflits.
- Gérer les conflits de manière compétente.
- Ne pas éviter les conflits.

5.15. Aptitude à établir des différends et l'apparence

- Comment entrez-vous habituellement en contact avec de nouveaux collègues, des clients ou des étrangers ?
- Qu'est-ce que le réseau signifie pour vous ? Quelles expériences avez-vous eu avec votre réseau de connaissance ?

- Comment procédez-vous lorsque vous devez vous intégrer dans une équipe ?
- Avez-vous l'esprit d'équipe ?
- Décrivez une situation dans laquelle l'interaction avec les clients a été particulièrement positive. Qu'auriez-vous pu faire pour obtenir des résultats encore meilleurs ?
- Sortez-vous souvent avec des collègues en dehors du travail ?
- Est-il important pour vous d'être avec les autres ?
- Une interaction positive avec vos collègues est-elle importance pour vous ?

Qualifications :

- Entrer facilement en contact avec les autres.
- Approcher activement les autres.

- Convaincre facilement les autres.
- S'intégrer facilement dans une équipe déjà existante.
- Avoir une bonne relation avec ses partenaires d'affaires.
- Avoir une attitude positive envers les gens.

5.16. Les engagements

- Quelle réalisation de votre passé vous rend particulièrement fier ? Pourquoi ?
- Quels sont généralement les objectifs que vous définissez pour vous-même ?
- Qu'est-ce qui vous motive pour donner le meilleur de vous-même ?
- Qu'est-ce que vous exigez de vous-même et des autres quand un nouveau travail se présente ? Donnez des exemples.

- Parlez d'une situation dans laquelle vous vous êtes « dépassé » et avez ainsi obtenu un succès particulier.

Qualifications :

- Avoir une motivation supérieure à la moyenne.
- Être enthousiaste.
- Faire preuve de ponctualité.
- Montrer de la volonté pour en faire plus.
- Exiger beaucoup aux autres et à soi-même.
- Voir les tâches comme des possibilités d'amélioration.

5.17. La volonté d'apprendre

- Comment vous améliorez-vous (en dehors du travail) ?

- Comment gardez-vous votre expertise à jour ?
- Combien d'heures par mois passez-vous à vous améliorer et à vous cultiver davantage ?
- Quel est le dernier livre de référence dans votre domaine d'expertise que vous avez lu ? Pourquoi celui-ci ?
- Dans quelle phase de votre carrière avez-vous travaillé particulièrement dur sur vous-même ? Comment ?
- Il y a-t-il des changements en cours dans votre domaine d'expertise et comment vous y préparez-vous ?

Qualifications :

- Maintenir ses connaissances à jour.
- Avoir la motivation pour se perfectionner.
- Avoir la volonté et la capacité de se cultiver davantage.

- Avoir des connaissances dans des domaines connexes.
- Avoir de la disponibilité pour s'auto-motiver pour suivre des formations et s'améliorer.

5.18. Qualité de dirigeant des employés

- Comment décidez-vous des tâches que vous déléguez, et à quels employés ?
- Comment déléguez-vous les tâches aux employés ?
- Comment vous assurez-vous que les employés se consacrent correctement aux tâches déléguées en temps et en heure ?
- Comment procédez-vous quand un employé ne s'occupe pas d'une façon satisfaisante d'une tâche déléguée ?

- Comment encouragez-vous les employés ?
- Quelle était la situation la plus difficile que vous ayez vécu avec un employé ? Comment avez-vous résolu ce problème ?
- Quelle influence les employés ont-ils sur votre prise de décision ?
- Comment vous assurez-vous que vos employés savent ce que vous attendez d'eux ?
- Comment vous assurez-vous que vos employés savent comment vous évaluez leur performance ?
- Quels sont vos points forts pour encourager et soutenir les autres ?
- Avez-vous déjà reçu des retours sur votre qualité de dirigeant de la part de subordonnés ? Quels commentaires ? Décrivez le motif.

Qualification :

- Être un leader expérimenté.
- Être accepté comme chef de file par les employés.
- Tomber d'accord avec les employés sur leurs objectifs et les contrôler.
- Déléguer les tâches en fonction des compétences de chacun.
- Faire un retour régulier aux employés sur leur travail.
- Encourager les employés dans leur développement.

5.19. Motivation (selon le poste)

- Quelle partie du travail vous intéresse le plus ?
- Pourquoi avez-vous postulé pour ce poste en particulier ?
- Pourquoi avez-vous choisi ce métier ?

- Qu'est-ce qui vous motive le plus (dans le contexte de travail) ?

Qualifications :

- S'identifier au travail.
- Voir le travail comme un défi.
- Terminer son travail rapidement et complètement.
- Montrer de l'engagement envers son travail même en dehors des heures de travail.
- Prendre du plaisir au travail.

5.20. La formulation orale

- Quels sont vos points forts en communication ?
- Avez-vous déjà reçu des retours sur votre capacité à présenter les problèmes ? Quels retours ?

- Dans quel domaine souhaiteriez-vous améliorer votre capacité à présenter les choses ?
- À quand remonte la dernière fois où vous avez donné une présentation devant des étrangers / connaissances ? Décrivez votre succès et comment vous vous êtes senti lors de cette présentation ?
- Comment vous préparez-vous pour une présentation ?
- Trouvez-vous qu'il est facile d'expliquer des problèmes complexes aux gens, afin qu'ils soient en mesure de les comprendre ?
- Préférez-vous de communiquer par téléphone ou par courrier électronique ? Pourquoi ? Quels sont les avantages et les inconvénients ?
- Quelle a été la plus grande audience devant laquelle vous avez dû faire un

discours / faire une présentation ? Comment vous êtes-vous senti avant / pendant la présentation ?
- Y a-t-il eu une situation où vous avez été mal compris dans une présentation ? Quelle était la raison ? Quelles ont été les conséquences ?

Qualifications :

- Présenter les choses clairement, d'une manière compréhensible et structurée.
- Être éloquent.
- Parler d'une manière structurée et compréhensible.
- Parler couramment et de façon différenciée.
- Préparer efficacement les présentations.

- Être capable de donner une présentation devant une large audience.

5.21. Compétences de mise en œuvre

- Si vous avez pris une décision, comment procédez-vous pour la mettre en œuvre ?
- La mise en œuvre de quel type de décisions trouvez-vous particulièrement difficile ? Pourquoi ?
- Comment procédez-vous lorsque vous devez mettre en œuvre une décision par laquelle vous n'êtes pas convaincu ?
- Comment procédez-vous pour convaincre votre équipe du bien-fondé d'un objectif commun et comment l'encouragez-vous à l'atteindre ensemble ?

- Imaginez que je suis un client. Expliquez-moi les avantages du produit phare de votre employeur précédent face aux produits de la concurrence.
- Qu'est-ce qui rend particulièrement difficile la mise en œuvre d'une décision pour vous ? Décrivez une telle situation de votre passé professionnel.

Qualifications :

- Être capable de mettre en œuvre des décisions.
- Transmettre les objectifs et les valeurs communes aux autres.
- Influencer positivement sur la consolidation de l'équipe.
- Pouvoir enthousiasmer tout le monde pour quelque chose.

- Atteindre les objectifs avec les autres.
- Être capable de mettre en œuvre également des tâches qu'il considère cruciales.
- Travailler de manière systématique et orientée.
- Inclure toute son équipe pour atteindre un objectif.

5.22. Jugement

- Comment procédez-vous lorsque vous avez à prendre une décision ?
- Vous arrive-t-il de faire des nuits blanches avant de prendre une décision importante ?
- Quelle a été la décision la plus importante de votre vie ? Comment avez-vous procédé ? Comment évaluez-vous votre décision avec du recul ?

- Quelle a été la décision la plus difficile de votre vie ? Comment avez-vous procédé ? Comment évaluez-vous votre décision avec du recul ?

Qualifications :

- Être responsable de ses décisions.
- Détecter les problèmes et estimer de façon réaliste leurs causes et leurs effets.
- Prendre des décisions posément.
- Prendre en considération les informations provenant de différentes sources comme base pour ses décisions.

5.23. Planification et organisation

- Une bonne planification vous a-t-elle déjà permis de réussir dans le passé ? Veuillez nous en parler.
- Comment procédez-vous lorsque vous reprenez un nouveau domaine ?
- Comment vous assurez-vous que vous effectuez votre travail correctement ?
- De quelle manière gardez-vous une trace du travail inachevé ?
- Que faites-vous pour travailler encore plus efficacement ?
- Comment planifiez-vous votre journée de travail ?

Qualifications :

- Définir précisément les priorités.
- Savoir ce qui est important.
- Respecter les délais et les règlements de coûts.
- Avoir ses tâches sous contrôle.
- Travailler systématiquement.
- Définir des objectifs clairs et les poursuivre.
- Être un bon organisateur.

5.24. Analyse des problèmes

- Comment faites-vous lorsque vous avez un problème à résoudre ?
- Avec l'aide de quelle méthode hiérarchisez-vous vos tâches quotidiennes ?
- Quel rôle l'intuition joue-t-elle lors dans votre résolution des problèmes ?

- Expliquez la manière dont vous abordez une tâche et quels résultats vous avez obtenus sur problème concret.
- Quel type de problèmes fournit le plus grand défi pour vous ? Comment les gérez-vous ?
- Décrivez un problème professionnel que vous étiez incapable de résoudre malgré beaucoup d'efforts. Comment avez-vous procédé ? Pourquoi n'avez-vous pas réussi ?
- Quel était le problème le plus difficile que vous ayez eu à résoudre ? Comment avez-vous fait ?

Qualifications :

- Penser analytiquement en suivant les processus et les structures.
- Évaluer de façon réaliste les tâches.
- Voir les problèmes comme des défis.

- Repérer rapidement les problèmes et percevoir les contextes globaux.
- Obtenir rapidement une vue d'ensemble et être en mesure de fixer des objectifs et des priorités intermédiaires.
- Obtenir les informations manquantes.

5.25. Mode d'expression écrite

- Avez-vous déjà écrits des textes à l'attention de plusieurs personnes (par exemple des clients, plusieurs employés, des partenaires commerciaux) ? Quels commentaires avez-vous obtenu?
- Quel a été le texte qui vous demandait le plus de rigueur et quels résultats avez-vous obtenus avec ?
- Avez-vous déjà écrit quelque chose qui était destiné à un public plus

large (publication dans un magazine, un journal, internet, un livre) ? Quels ont été les retours ?
- Comment pourriez-vous procéder si vous aviez à écrire un article sur un sujet X pour un magazine ? Comment commenceriez-vous ? Comment structuriez-vous l'article ? Comment vous sentez-vous au cours du processus ?

Qualifications :

- Avoir de l'expérience dans la rédaction de textes pour un large public.
- Être capable de présenter les choses de manière compréhensible et claire.
- Écrire de façon concise.
- S'exprimer clairement et de manière compréhensible.

- Être également en mesure de gérer et de structurer d'importantes tâches d'écriture.

5.26. L'autonomie

- Quelles étaient les responsabilités de votre dernier emploi que vous aviez à effectuer indépendamment ? Sur quelles tâches deviez-vous consulter les autres ?
- Est-il arrivé par le passé que vous preniez des décisions seul alors que vous étiez censé consulter quelqu'un ? Quelles conséquences cela a-t-il eu ?
- Est-il arrivé que vous vous sentiez abandonné par vos responsables ? Comment avez-vous géré cela ?
- Arrive-t-il que vos collègues vous demandent un conseil ? Donnez un exemple.

Qualifications :

- Maintenir son opinion face au rejet
- Travailler de manière autonome.
- Résoudre les problèmes sans délégation et de façon autonome.
- Être prêt à prendre des décisions et les défendre si nécessaire.
- Savoir se sortir d'une situation difficile.

5.27. Diligence

- Décrivez une erreur que vous avez faite au travail et qui a eu des répercussions graves. Qu'en avez-vous appris ?
- Quelles tâches au cours de votre travail précédent demandaient un travail approfondi particulièrement

important ? Comment vous en sortiez-vous ?
- Comment faites-vous pour faire le moins d'erreurs possible au travail ?
- Quelles erreurs au travail pourraient être éliminées grâce à de vos suggestions ou activités ?
- Comment gérez-vous les choses si vous avez fait une erreur ?

Qualifications :

- Travailler avec précision et en profondeur.
- Prendre en considération les détails également.
- S'en tenir précisément aux spécifications.
- S'optimiser.
- Être fiable et digne de confiance.

5.28. Capacité à travailler en équipe

- Quelle est l'importance du travail d'équipe pour vous ?
- Avez-vous eu des situations difficiles lors d'un travail en équipe par le passé ? Lesquelles et comment les avez-vous les géré ?
- Quel rôle adoptez-vous dans une équipe ?
- Comment travaillez-vous dans une équipe ? Donnez des exemples.

Qualifications :

- Avoir un bon esprit d'équipe.
- Travailler avec un groupe en vue d'atteindre un objectif commun.
- Être apprécié par ses collègues.

- Prendre également en considération les cibles en dehors de son propre domaine.
- Inclure ses collègues.
- S'adapter à chaque membre du groupe.

5.29. Compétences de négociation

- Comment faites-vous respecter votre objectif dans une négociation ? Décrivez un exemple concret vécu au travail.
- Quelle a été votre meilleure idée pour convaincre quelqu'un ?
- Quel est votre plus grand défi au cours d'une négociation ? Comment le gérez-vous ? Donnez un exemple concret.
- Comment vous préparez-vous pour une négociation importante ?

- Y a-t-il eu des cas où vous n'avez pas atteint vos objectifs dans une négociation ? Que feriez-vous différemment si un cas similaire se présentait ?

Qualifications :

- Pouvoir se faire respecter ainsi que ses objectifs durant une négociation.
- Atteindre ses objectifs sans être trop dominant.
- Prendre en considération les arguments des interlocuteurs et y répondre.
- Argumenter clairement et de façon concluante.
- Savoir se contrôler.
- Se préparer spécifiquement pour les négociations.

5.30. Capacité à vendre

- Comment vous préparez-vous pour une réunion avec la clientèle ?
- Quel a été votre plus grand succès de vente ? Comment avez-vous réussi ? Y a-t-il quelque chose que vous auriez pu faire encore mieux avec du recul ?
- Décrivez la manière dont vous expliquez un problème complexe à un profane. Donnez un exemple.
- Quelle a été votre plus grand échec de vente ? Qu'en avez-vous tiré ?
- Comment gérez-vous les conflits ? Donnez un exemple concret d'une situation avec un client.
- Quels conflits préférez-vous éviter ?
- Qu'est-ce qui vous plaît le plus dans la vente ?
- Trouvez-vous qu'approcher de nouveaux clients soit facile ? Décrivez

une expérience où vous avez particulièrement réussi
- Selon vous quel est le facteur décisif pour un acheteur ?
- Dans quelles situations trouvez-vous qu'il est particulièrement difficile de vendre un produit/ service ?

Qualifications :

- Trouver le bon ton.
- Pouvoir argumenter en fonction d'un groupe cible.
- Atteindre habilement son objectif de conversation.
- Pouvoir être enthousiaste à propos de sujets divers.
- Préparer correctement.
- Être un bon vendeur.
- Réagir aux préoccupations des clients.

- Être capable d'influencer positivement les situations critiques.

6.
Stratégie de réponse dans les entretiens d'embauche

Durant les entretiens d'embauche, il peut arriver que les gens révèlent plus sur eux-mêmes qu'ils le voulaient vraiment ou que cela se fasse à leurs dépens.

Le risque est particulièrement élevé quand un candidat se sent « en sécurité » et détendu après une situation stressante. Beaucoup commencent alors à discuter. Mis à part le fait que l'on perd alors facilement le contrôle sur ce que l'on dit, le seul fait que l'on abandonne le contrôle peut aider l'autre personne à tirer certaines conclusions sur l'aptitude de cette personne.

Vous répondrez mieux si vous réfléchissez brièvement à ce que l'interlocuteur veut savoir en posant cette question. De cette façon, vos réponses apparaîtront meilleures. Aussi, essayez d'inclure vos connaissances sur les trois dimensions et ainsi fournir au recruteur des arguments qui vous emmèneront au « prochain tour ».

Dans tous les cas, préparez-vous à des questions surprenantes, ainsi qu'à des questions habituelles sur votre CV, vos forces, vos faiblesses, etc.